글 박철

시인.

『창비1987』에 「김포」 등 15편의 시를 발표하며 등단하였고,
시집으로 『김포행 막차』, 『영진설비 돈 갖다 주기』, 『대지의 있는 힘』 등 11권을 간행했다.
1997년 『현대문학』에 소설 「조국에 드리는 탑」이 당선되었으며, 소설집 『평행선은 롯스에서 만난다』가 있다.
어린이를 위한 책으로 『옹고집전』, 『선비 한생의 용궁답사기』, 『김포 아이들』, 『엄마의 품』과
동시집 『설라므네 할아버지의 그래설라므네』, 『아무도 모르지』가 있으며,
육필시선집 『영진설비 돈 갖다 주기』 등을 펴냈다.
13회 천상병시상, 12회 백석문학상, 18회 노작문학상, 16회 이육사시문학상을 수상했다.

그림 오정숙

여행 드로잉 작가 겸 일러스트레이터.
2023년 인사동 '더 스타 갤러리'에서 개인전을 열었다.
다수의 아트페어 및 단체전에 참가하였으며,
문화센터, 기업 그리고 서울시 등에서 인문학 강의 '만나샘' 등을 진행하였다.
인스타그램 @drawing_bom7

영진설비 돈 갖다주기

2025년 3월 5일 1판 1쇄 인쇄
2025년 3월 20일 1판 1쇄 발행

시_박철 그림_오정숙

발행인_ 황민호
콘텐츠3사업본부장_ 석인수
편집 진행_ 그림책 · 별꽃
디자인_ SALT&PEPPER
발행처_ 대원씨아이(주) www.dwci.co.kr 서울시 용산구 한강대로 15길 9-12
전화_ 02-2071-2151(편집) 02-2071-2066(영업)
팩스_ 02-794-7771
등록번호_ 1992년 5월 11일 등록 제3-563호

ⓒ박철, 2025
ISBN 979-11-423-0219-0 (77800)

※잘못된 제품은 구입하신 곳에서 교환해 드립니다.

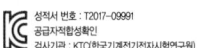

영진설비 돈 갖다 주기

시 박철 그림 오정숙

막힌 하수도 뚫은 노임 4만 원을 들고
영진설비 다녀오라는 아내의 심부름으로
두 번이나 길을 나섰다

자전거를 타고 삼거리를 지나는데
굵은 비가 내려
럭키슈퍼 앞에 섰다가
후두둑 비를 피하다가

나는 벌컥벌컥 술을 마셨다

다시 한 번 자전거를 타고 영진설비에 가다가
화원 앞을 지나다가

문 밖 동그마니 홀로 섰는
자스민 한 그루를 샀다

내 마음에 심은
향기 나는 나무 한 그루

마침내 영진설비 아저씨가 찾아오고
거친 몇 마디가 아내 앞에 쏟아지고
아내는 돌아서 나를 바라보았다

그냥 나는 웃었고
아내의 손을 잡고 섰는
아이의 고운 눈썹을 보았다

어느 한쪽,
아직 뚫지 못한 그 무엇이 있기에

홀로 향기 잃은 나무 한 그루
문 밖에 섰나

아내는 설거지를 하고
아이는 숙제를 하고

내겐 아직 멀고 먼
영진설비 돈 갖다 주기

영진설비 돈 갖다 주기

박철

막힌 하수도 뚫은 노임 4만 원을 들고
영진설비 다녀오라는 아내의 심부름으로
두 번이나 길을 나섰다

자전거를 타고 삼거리를 지나는데 굵은 비가 내려
럭키슈퍼 앞에 섰다가 후두둑 비를 피하다가

그대로 앉아 병맥주를 마셨다

멀리 쑥꾹쑥꾹 쑥꾹새처럼 비는 그치지 않고

나는 벌컥벌컥 술을 마셨다

다시 한 번 자전거를 타고 영진설비에 가다가
화원 앞을 지나다가

문 밖 동그마니 홀로 섰는
자스민 한 그루를 샀다

내 마음에 심은 향기 나는 나무 한 그루

마침내 영진설비 아저씨가 찾아오고
거친 몇 마디가 아내 앞에 쏟아지고
아내는 돌아서 나를 바라보았다

그냥 나는 웃었고 아내의 손을 잡고 섰는
아이의 고운 눈썹을 보았다

어느 한쪽,
아직 뚫지 못한 그 무엇이 있기에

오늘도 숲 속 깊은 곳에서 쑥꾹새는 울고
비는 내리고

홀로 향기 잃은 나무 한 그루 문 밖에 섰나

아내는 설거지를 하고 아이는 숙제를 하고

내겐 아직 멀고 먼
영진설비 돈 갖다 주기